审图号：GS（2021）3792号

此书中第8、9、14、15、17、18、20、21、22、30、42、43、44页地图
已经过审核。

图书在版编目（CIP）数据

全科知识点大爆炸. 地理知识点大爆炸 / 李骁主编；聪聪老师著；任梦绘.
— 北京：电子工业出版社，2021.8
ISBN 978-7-121-41142-7

Ⅰ.①全… Ⅱ.①李… ②聪… ③任… Ⅲ.①科学知识－少儿读物②地理－
少儿读物 Ⅳ.①Z228.1②K9-49

中国版本图书馆CIP数据核字(2021)第087278号

责任编辑：季　萌
印　　刷：中煤（北京）印务有限公司
装　　订：中煤（北京）印务有限公司
出版发行：电子工业出版社
　　　　　北京市海淀区万寿路173信箱　邮编：100036
开　　本：889×1194　1/20　印张：20　字数：384千字
版　　次：2021年8月第1版
印　　次：2024年5月第3次印刷
定　　价：188.00元（全8册）

凡所购买电子工业出版社图书有缺损问题，请向购买书店调换。若书店售缺，请与本社
发行部联系，联系及邮购电话：（010）88254888，88258888。
质量投诉请发邮件至zlts@phei.com.cn，盗版侵权举报请发邮件至dbqq@phei.com.cn。
本书咨询联系方式：（010）88254161转1860，jimeng@phei.com.cn。

地理 知识点大爆炸

全科知识点大爆炸
·地理·

李骁 / 主编

聪聪老师 / 著

任梦 / 绘

电子工业出版社·

Publishing House of Electronics Industry

北京·BEIJING

目 录

第一章

我们的地球

8

第二章

陆地和海洋

20

第三章

天气和气候

28

第四章

居民与聚落

40

第五章

从世界看中国

44

中国教育现状目前遇到的一大问题就是内卷——孩子们通过上补习班，提前学习高年级的知识，从而成为别人口中的学霸。这种情况早已不是秘密。如果你不提前起跑，很有可能在后面就会被落下。而另一个现状就是，大家都去补习了，可上大学的名额并没有变，大家的起跑线是一样的，却也因此都失去了宝贵的童年。

从儿童大脑发育的角度来讲，6~12岁的孩子处在一个认识世界，形成兴趣，放飞思想的阶段，而过量的补习班却在禁锢住孩子们的想象，这种"揠苗助长"的行为，换来的优秀的成绩却是靠拉低孩子们对世界和未来的创造力而换来的。

创造力和成绩的矛盾看似不可调和，实际上有两全其美的解决方，那就是兴趣至上。如果能够提前引导孩子们喜欢上学习知识，顺其自然地培养出孩子热爱学习的习惯，这样既不会禁锢住他们未来飞翔的高度，也能让孩子获取优秀的成绩，两全其美。

为此，我们请到了各科资深老师、专家、儿童心理发展教育专家和经验丰富的童书编辑，针对6~12岁孩子倾力合著了这套《全科知识点大爆炸》。我们发掘出数学、物理、化学、生物、地理、历史科目中最重要、最具代表性的知识点，力求做到生动有趣，让孩子们提前接触并认识到各科的美妙之处，在他们心里埋下兴趣的种子，等待日后发芽，茁壮成长。后来我们又加入了经济和宇宙的主题，使孩子们平衡发展，在学习客观知识的同时也增加对人类社会性的理解，并且帮助孩子开阔眼界，让他们的思维可以无限延伸。希望在这套书的帮助下，每个孩子都能培养学习兴趣，做掌握全科知识的小达人。

李骁

香港城市大学研究员
中国科学院神经生物学博士

我们的地球

1. 天圆地方

古时候，由于人们的活动范围小，往往凭借着自己的直觉认识世界，于是就有了"天圆如张盖，地方如棋局"的说法。

2. 天如斗笠，地如覆盖

随着人们视野的扩大，很多现象证明大地并不是平坦的，于是人们将大地想象成一个倒扣的盘子，天空则像一顶半圆的斗笠。

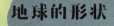

地球的形状

从卫星照片上看，地球就像一个点缀着斑块的蓝色圆球。地球是一个球体，这在今天看来是再简单不过的问题，但是在古代

地球是圆的，为什么地球另一面的人不会掉下去呢？

这是因为地球上有重力。重力是由地球的万有引力产生的，它会吸引地球上所有的东西。伟大的科学家牛顿最早发现了引力的存在，据说他是受到一颗坠落的苹果的启发而发现了万有引力。

古时的埃及人认为，天是被大山撑起来的，星星挂在上面，太阳躺在小床里。

印度人认为我们住的地方由大象的背支撑着，大象站在乌龟的龟甲上，而乌龟骑在眼镜蛇上。

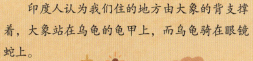

却是一个难解之谜。人们对地球形状的认识经历了极其漫长的过程。

3. 地球是个球体

　　人们根据太阳和月亮的形状，推测出地球也是个球体，于是就有了"地球"这个概念。16 世纪初，葡萄牙航海家麦哲伦率领船队首次实现了人类环绕地球一周的航行，从而证实了地球是一个球体。

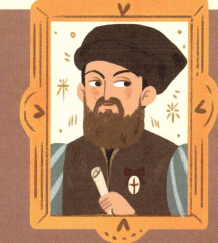

4. 卫星照片证实

　　20 世纪后，人类进入太空，并从太空中观察地球。人造卫星拍摄到了地球的照片，证明了地球是一个椭球体——两端稍扁，中间向外隆起。

地球的内部结构

　　地球的最外层是一层岩石薄壳，称为地壳。高山、高原地区的地壳较厚，可以达到 65 千米以上；平原和盆地的地壳相对薄；而深藏于海底的大洋地壳远比大陆地壳薄，厚度只有 6 千米。

　　从地壳向里分别是地幔和地核。

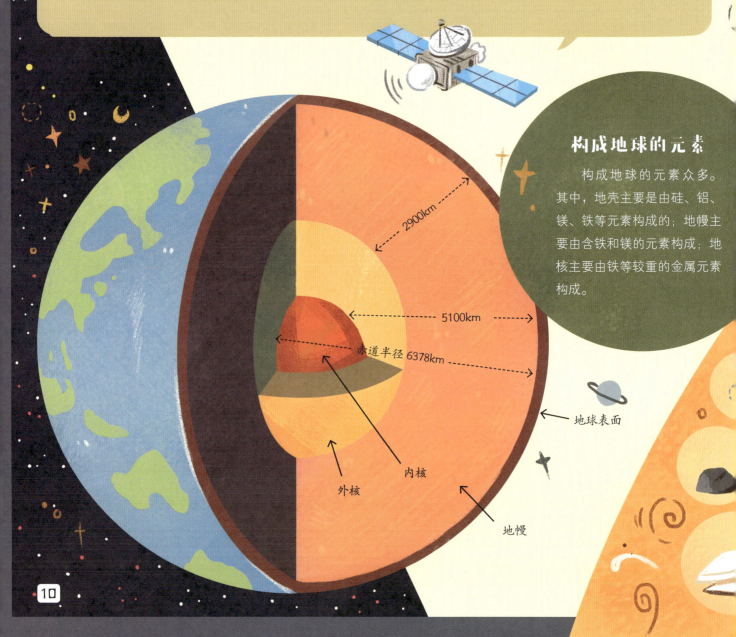

构成地球的元素

　　构成地球的元素众多。其中，地壳主要是由硅、铝、镁、铁等元素构成的；地幔主要由含铁和镁的元素构成；地核主要由铁等较重的金属元素构成。

2900km

5100km

赤道半径 6378km

地球表面

内核

外核

地幔

地壳下面是地球的中间层，叫作"地幔"，厚度约为 2900 千米。它是地球内部体积最大、质量最大的一层。地幔分为上下两层，上层岩石比较软，是地球岩浆的发源地，下层地幔由金属物质构成。

地球的中心部分是地核，又分为内核和外核。据推测，外核可能是液态物质，温度在 3700℃以上；而内核温度可达到 4000 ～ 4500℃，因为它的压力极高，所以是固态物质。

地壳

地幔
2900 千米

外核
3700°C

内核
4000 ～ 4500°C

人类的大宝库

地壳对人类来说是个大宝库。那些埋藏在岩层里的物质有许多用途，比如砾石、沙土、石灰及黏土等可以用作建筑材料，从矿石中提炼出的金属则是制造汽车、搭建房屋的原材料。实验中加入的碘、牙膏里的氟、铅笔芯里的石墨、制造玻璃时用到的石英等也可以从矿石中提炼出来。地壳深处蕴藏着大量的煤炭和天然气等能源，它们是世界上使用最广泛的能源。

地球有多大呢?

　　地球实在太大了，到目前为止我们还不能在地球上钻一个孔，穿透整个地球。随着科技的进步，人们不仅知道了地球的形状，而且精确地测量出了地球的大小。

　　地球的表面积大约为 5.1 亿平方千米；它的赤道半径约为 6378 千米；最大周长约为 4 万千米。

地球的模型

　　地球实在太大了，人们无法看到它的全貌。于是，人们仿照地球的形状，并且按照一定的比例把它缩小，制作了地球的模型——地球仪。在地球仪上，用不同的颜色、符号和文字来表示陆地、海洋、山脉、河湖、国家和城市等地理事物的位置、形状及名称。地球仪可以方便我们观察地球的面貌，了解地球表面各种地形的分布。

Tips：动手做一个小地球仪。

准备材料：乒乓球、铁丝、胶布、橡皮泥。

1.在乒乓球中部用红笔画一圈，作为赤道；在"赤道"两侧各钻一个小孔，使小孔到"赤道"各点的距离相等。

2.把铁丝弯成下图所示的形状。注意倾斜的铁丝要与垂线的夹角为23.5°，同时所弯的半圆要比乒乓球略大一些。

3.按照图示，将铁丝穿过乒乓球。

4.在铁丝两头用胶布裹上几圈，把乒乓球固定在倾斜的铁丝中间，同时又可以使其自由转动。

5.按照上图提示，在铁丝下边的底座部位包上橡皮泥，使做好的地球仪不会翻倒。

13

地球的自转

地球自转，是地球的一种重要的运动形式。地球绕着自转轴自西向东不停地旋转。地球自转一周的时间约为 24 个小时，也就是一天。

地球是一个不透明的球体，因此在任何时候，太阳光只能照亮地球的一半。所以，被太阳照亮的半球是白昼，未被太阳照亮的半球是黑夜。地球不停地自西向东自转，昼夜也就不断更替。东方迎来黎明的曙光，西方送走黄昏的落日，地球上不同的地方，也就出现了时间的差异。

如果地球没有自转，就不可能存在生命。因为它的一面会被高温炙烤，而另一面则永远被黑暗和严寒笼罩着。

Tips:

• 轻轻拨动地球仪，演示地球的自转运动。你可以用手电筒作为光源，照射在地球仪上，感受地球的昼夜变化。

地球的公转

　　地球在自转的同时，还在围绕着太阳不停地公转。地球公转的方向与自转方向一致，也是自西向东，公转一周的时间约为一年。地球在公转轨道的不同位置，受太阳照射的情况也不完全相同，因此形成了春、夏、秋、冬四季。北半球和南半球的季节总是相反的。

3 月 21 日前后，太阳光照射在赤道上，这一天称为春分日。此时，北半球处于春季。

6 月 22 日前后，太阳光照射在北回归线上，这一天称为夏至日。此时，北半球处于夏季。

9 月 23 日前后，太阳光照射在赤道上，这一天称为秋分日。此时，北半球处于秋季。

12 月 22 日前后，太阳光照射在南回归线上，这一天称为冬至日。此时，北半球处于冬季。

　　当北半球处于冬季时，南半球正好处于夏季。位于南半球的国家，比如澳大利亚，那里的人们在最热的季节庆祝圣诞节。

地球的五带

　　地球是一个很大的球体，地球上的气候很大程度上是由太阳决定的。在同一时间，受到阳光照射的情况不同，冷热也有差别。阳光照射到的地方温暖而明亮，最热的地区位于赤道附近。赤道是人们想象出来的一条圆周线，它将地球分为南半球和北半球两部分。离赤道越远就越冷，北极和南极是地球上最冷的地方。人们把地球表面划分为五个带：热带、北温带、南温带、北寒带和南寒带。中国位于北半球的北温带。

　　热带：赤道两侧南、北回归线之间的区域叫作热带，这里终年炎热高温。

　　北温带和南温带：温带地区四季变化分明，气温不会太低，也不会太高。

　　北寒带和南寒带：寒带地区气候终年寒冷。

赤道也会下雪吗？

　　海拔越高的地方，气压越低，大气层越稀薄，所以积蓄的能量越少，气温越低。高山上的温度较低，常年积雪。即便是炎热的赤道地区也是如此。

为什么极地那么冷呢？

　　地球两极接收到的辐射较少。此外，两极的冰雪完全不能储藏热量，反而像一面巨大的镜子，将光和热反射回太空。

北极

光 热

地球的形成过程

　　地球诞生的时候还没有人类，所以我们根本无法确切知道它的形成过程。不过，经科学家估算，地球的年龄至少有 45 亿岁了。宇宙的诞生比地球更早。地球的形成可能与原始星云有关。

在聚集、旋转的过程中，原始地球不断释放出热量，最后成为一个炙热的大火球。

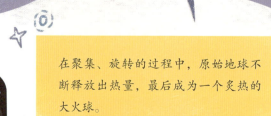

一大片由气体与尘埃构成的星云越积越厚，最后聚集在一起，形成了一个巨大的球。

地球渐渐冷却下来，表面就像布满了疤痕的"皮肤"。

在漫长的历史演变中，地球发生了巨大的变化。生命出现后，动植物一直不断进化，期间有许多物种灭绝了，因为它们不能适应多变的生存环境。

人类在地球上出现的时间比较晚。如果把地球从诞生到现在的时间算作 24 小时的话，那么人类大约是在这一整天结束前的 1 分 17 秒才出现的。

海洋里出现了最初的生命，接下来植物进化成功。

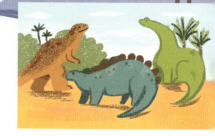

动物开始进化。最初的动物生活在水里，后来才有了陆地生物。

地球继续冷却，地壳变得更加坚硬。降雨持续了几千年，这样就形成了河流、湖泊和海洋。

地球还是水球？

从宇宙中看，地球是一个美丽的蓝色星球。实际上，地球表面大部分地区都被海洋覆盖着。它看上去更像一个"水球"。地球表面 71% 被海洋覆盖，而陆地面积仅占 29%，被海洋分割成大大小小的陆块。

如果我们从地球仪上观察，会发现海洋与陆地的分布很不均匀。陆地主要集中在北半球，而北极周围却是一片海洋；海洋大多分布在南半球，而南极周围却是一块陆地。

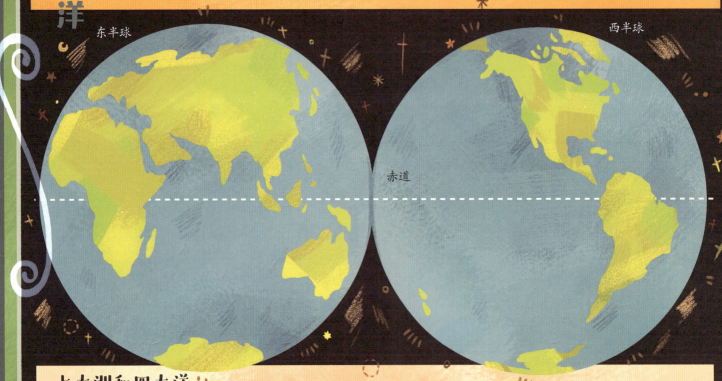

东半球　　　　　　　　　　　西半球

赤道

七大洲和四大洋

陆地被海洋包围着，并被分割成几块面积较大的大陆和许多面积较小的岛屿。大陆与它周围的岛屿合起来称为大洲。地球上的陆地分为七大洲，即亚洲、欧洲、非洲、北美洲、南美洲、大洋洲和南极洲。其中，亚洲面积最大，大洋洲面积最小。北美洲的格陵兰岛则是面积最大的岛屿。

地球上的海洋被陆地穿插分割，形成彼此相连的四个大洋。按照它们的面积大小进行排序，依次为太平洋、大西洋、印度洋和北冰洋。

七大洲名字的由来

欧洲

欧洲：欧罗巴洲的简称。在古代地中海人的语言中，意为"西方日落之地"。

南美洲

美洲：亚美利加洲的简称，以意大利航海家亚美利哥的名字命名。

亚洲

大洋洲

大洋洲：为"大洋中的陆地"。澳大利亚意为"南方的大陆"。

巴拿马运河开通后，人们就以运河为界，将美洲分成北美洲和南美洲两部分。

亚洲：亚细亚洲的简称。在古代，居住在地中海沿岸的人们，把地中海以东的地方称为"亚细亚"，意为"东方日出之地"。

北美洲

非洲

非洲：阿非利加洲的简称。源自古希腊文，意思是"阳光灼热的大陆"。

南极洲

南极洲：因位于南极地区而得名。

漂移的大陆

地球上，七大洲和四大洋的分布是固定不变的吗？过去人们对这个问题有过很长时间的争论。有人认为，我们脚下的大地在运动，七大洲和四大洋是不断变化的；还有人认为大地十分坚固、稳定，海陆轮廓自古就是这样的。

如果你仔细观察世界地图，就会发现一个有趣的现象。大西洋两岸，特别是非洲西海岸和南美洲东岸的轮廓线十分相似。而南美洲大陆凸出的部分与非洲大陆凹进去的部分几乎是吻合的。如果把这两块大陆从地图上剪下来，它们可以拼合到一起。

南美洲

非洲

于是，德国科学家魏格纳提出了大陆漂移的假说。他认为两亿年前，地球上的各大洲是相互连接的一块大陆，它的周围是一片汪洋。后来，原始大陆分裂成几块大陆，缓慢地飘移分离，逐渐形成了今天七大洲和四大洋的分布状况。

板块的运动

魏格纳大陆漂移学说逐渐被人们所接受，并且也得到了进一步的证实。但是，有关大陆为什么会漂移的问题，人们看法不一。

20 世纪 60 年代，地球科学研究表明，大陆漂移是由板块运动引起的。人类生存的地表圈由许多板块组成的，非常薄，也非常脆。构成地表岩石圈的板块包括太平洋板块、亚欧板块、印度洋板块、非洲板块、美洲板块和南极洲板块。这些板块不停运动，它们相互挤压和碰撞，使得地球的面貌不断发生变化。

板块的移动导致了山脉的形成。相邻的两个板块相互碰撞和挤压，它们的边缘就会隆起，形成褶皱，构成褶皱山脉。当一个板块俯冲到另一个板块下方，并把那个板块抬高时，也会形成山脉。

千变万化的地貌

地貌是指地球起伏的形态。它们好似地球的面孔，便于人们了解地球。地貌类型丰富多样，而且千变万化。昔日黄沙漫天的沙漠，有朝一日可能变成土壤肥沃的绿洲。如果按照自然形态来划分，地球的主要地貌包括平原、高原、丘陵、沙漠、盆地等，这些地貌都是经过无数年地质变迁形成的。

高原：地球上最基本的地貌之一。高原是指一大片高出海平面很多，但又不像山峰那样连绵起伏的平地。高原地区海拔高、气压低、氧气含量少，所以在气候、环境等方面比平原要恶劣许多。位于中国西南部的青藏高原是中国第一大高原，也是世界上最高的平原，有"世界屋脊"之称，其面积为 230 万平方千米，平均海拔高度在 4000 米以上。

盆地：人们将四周是山地或高原，中间地势较低，并呈盆状的地貌称作盆地。盆地地区往往物产丰富，水土资源优越。被称为"中非宝石"的刚果盆地是世界上最大的盆地，其面积约为 337 万平方千米。四川盆地位于中国的西南部地区，是中国四大盆地之一。它是一块"聚宝盆"，蕴藏着丰富的矿产资源和旅游资源，举世闻名的乐山大佛、峨眉山都坐落在这里。

平原：陆地上地表面积广阔，地势平坦的区域称为平原，其海拔一般在 200 米以下。中国有三大平原，分别是东北平原、华北平原和长江中下游平原。平原的形成一般与河流冲击有关。河流在拓宽河床的同时，把大量的泥沙堆积在两岸，日积月累，这些沉淀物就慢慢形成了平原。

丘陵：由连绵不断、坡度较缓的低矮山丘组合而成，是山地向平原过渡的中间阶段，海拔一般在 200 ~ 500 米。丘陵一般没有明显的脉络，顶部浑圆，是山地久经侵蚀的产物。中国是个多丘陵的国家，总面积约有 100 万平方千米。人们因地制宜，在丘陵上修建梯田，这样就可以留住水分，使农作物正常生长。

山脉：沿一定方向延伸、包括若干条山岭和山谷组成的山体，如安第斯山脉、喜马拉雅山脉等都是世界著名的山脉。世界上最长的山脉是位于南美洲的安第斯山脉，全长近 9000 千米，被称为"南美洲的脊梁"。世界上海拔最高的山脉是喜马拉雅山脉，平均海拔在 6000 米以上。

峡谷： 人们常把两座山峰之间的凹地称为峡谷。大部分峡谷是河流的冲刷侵蚀作用形成的。峡谷的两岸有连绵不断的山峰护卫，这使得峡谷的地势有时狭窄细小，有时又宽阔平坦。峡谷的地形复杂多变。位于中国云南省的虎跳峡是世界上落差最大的峡谷，可达到200多米。

海底的地形

和陆地上的情况相同，海底的地形也是多种多样的，也有平原、山谷、沟壑和山脉。有的海岛就是耸出海面的山峰或火山。有时，海底的火山爆发也能形成新的岛屿。

裂谷： 裂谷是地球上最奇特的地貌之一，当相连的板块发生分裂时，它们之间就会产生一个巨大的裂谷。东非大裂谷是地球上最大的裂谷，被称为"地球的伤疤"，它也是非洲地震最频繁、最强烈的地区。

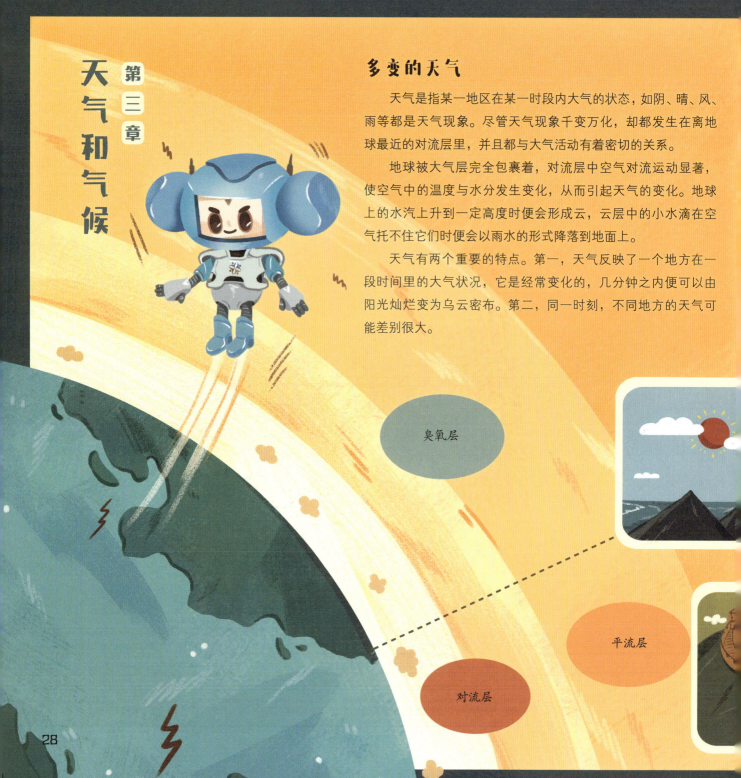

天气和气候

第三章

多变的天气

　　天气是指某一地区在某一时段内大气的状态,如阴、晴、风、雨等都是天气现象。尽管天气现象千变万化,却都发生在离地球最近的对流层里,并且都与大气活动有着密切的关系。

　　地球被大气层完全包裹着,对流层中空气对流运动显著,使空气中的温度与水分发生变化,从而引起天气的变化。地球上的水汽上升到一定高度时便会形成云,云层中的小水滴在空气托不住它们时便会以雨水的形式降落到地面上。

　　天气有两个重要的特点。第一,天气反映了一个地方在一段时间里的大气状况,它是经常变化的,几分钟之内便可以由阳光灿烂变为乌云密布。第二,同一时刻,不同地方的天气可能差别很大。

臭氧层

平流层

对流层

暖层

中间层

天气系统和天气预报

  尽管大气在不断变化，但是大气中的温度、气压是可以测量的。这些因素成为衡量天气的重要要素。只要掌握天气变化的规律，人们就可以准确预报天气了。如果能够预知近期的天气，就可以及时做好各种准备，充分利用有利的天气，避免和预防不利天气的危害。

  早在我国东汉时期，诸葛亮就根据当时天气的变化，与周瑜共同拟定了借助东南风火攻曹操船队的作战方案，结果大获全胜。这就是历史上著名的赤壁之战。

判断明天的天气

天气对我们来说非常重要。我们每天都会关注天气预报，获取未来的天气信息。那么人们是怎样预报天气的呢？

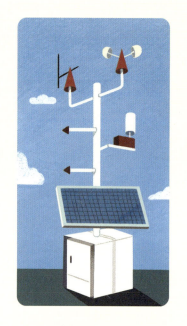

1. 人类建立了气象站，按照世界统一的观测规范获取各种气象情报。

3. 利用电子计算机对源源不断传来的气象信息资料进行加工处理，制作成各种天气图表。

4. 气象专家对各种天气图表进行分析和判断，得出预报结论。

2. 人类发射气象卫星，这是一种人造地球卫星，它从高空对地球进行气象观测，为我们提供海洋、高原、沙漠等全球范围的气象观测资料。人们通过卫星地面站接收并分析气象卫星发回的各种气象数据信息。

5. 电视台播报员向观众们进行天气预报。

天气预报的具体信息

通常，天气预报要说明一日内的阴晴、风力、气温和降水等情况。

当天空布满乌云时，为"阴"；当天空中乌云或云很少时，为"晴"。

降水概率表示降水的可能性大小。降水概率为100%表示肯定"有雨"；降水概率为0，表示肯定"无雨"。

2020 年 1 月 1 日

星期三
己亥年腊月初七
北京地区天气预报

白天　多云转晴
　　　降水概率20%
　　　风向 北
　　　风力　三四级转五六级
夜间　晴
　　　降水概率 0
　　　风向 北
　　　风力　四五级转二三级
温度　3℃ / -8℃

风向是风的来向，有"北、南、西、东"四个基本方向。风向为北，表示风来自北方。风力是风的强弱，共分为18级。级数越大，风力越强。

温度是大气冷热的表现。

天气预报中常见的天气符号

晴　　多云　　阴　　小雨　　雷阵雨　　小雪

千姿百态的云

云是地球上庞大的水循环的有形的结果。在太阳照射下，水蒸发形成水蒸气，一旦水汽饱和，水分子就会聚集在空气中的微尘周围，由此产生的水滴或冰晶将阳光散射到各个方向，这就产生了云的外观。云没有固定的形状，它的形状随时变化。尽管人们看不见大气运动，但从云的形状、颜色、厚薄等的变化中，可以判断大气的一举一动，从而对预测未来的天气现象提供重要的帮助。

流动的空气——风

　　风是大量空气在向着一个方向流动时产生的一种自然现象。当相邻或相近的两个地方分别产生低压气团和高压气团的时候，空气就会从低压气团流向高压气团，这时在两个地区之间就会产生风。风的方向和两个气团之间的位置有关。

　　风力是指风吹到物体上所表现出的力量的大小。为了测量风的大小，人们把风力等级分为 18 个级别。低级的风对我们的生活没有太大的影响。当风力超过 6 级时，就会对我们的生活造成很大影响。

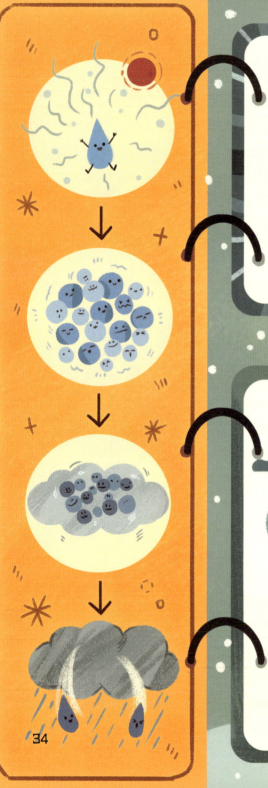

雨的形成和降落

　　雨是从云中降落的水滴。雨的成因多种多样，它的表现形态也各具特色，有毛毛细雨，有连绵不断的阴雨，还有倾盆而下的阵雨。那么，雨是怎么形成的呢？陆地和海洋表面的水受到太阳照射后，蒸发变成水蒸气。水蒸气上升到一定高度后遇冷变成水滴，水滴积聚成云。当云块中的小水滴增大到一定程度，已经无法悬浮在空气中，就会落到地面，形成降雨。

　　气象学家用降雨量来衡量一个地区或一次降雨的多少。日降雨量在 10 毫米以下，就是小雨；在 10 ～ 25 毫米，就是中雨；在 25 ～ 50 毫米为大雨，多于 50 毫米就是暴雨。

降雪

　　雪是水在空中凝结再落下的自然现象，当云层的温度较低时，小水滴结成冰晶，这些微小的冰晶互相结合在一起，形成雪花。当上升的气流托不住这些雪花时，它们就从空中飘落下来，形成降雪。由于每一片雪花周围的水汽凝结过程各不相同，所以每片雪花的形状也是独一无二的。

降水和降水量

太阳的照射、海水的蒸发、冷暖气流的不断运动，都是影响天气的重要因素。从大气中落到地面的固态或者液态的水，如雨、雪、冰雹等，都叫作降水。一个地方一年中各个月份的降水量有所差别，并表现出不同程度的变化。世界各地的降水量不相同，有的地方降水量多，有的地方降水量少，通常用等降水量线图来表示降水量的分布情况。

乞拉朋齐，有世界"雨极"的称号，其一年的降水量可达 20447 毫米。

阿塔卡马沙漠，有世界"干极"的称号，其平均年降水量小于 0.1 毫米，曾连续 91 年没有下过一滴雨。

科学家用显微镜观察过成千上万朵雪花后发现，世界上没有形状、大小一样的雪花。

气候和生物息息相关

　　天气的变化会使动物们采取行动，以躲避恶劣的天气带来的危害。每当气候转变的时候，许多动物开始迁徙，有的是为了躲避严寒，有的则是为了追逐猎物。

掉落的树叶：每逢秋季，由于气温较低，雨水减少，植物的根部吸收作用降低，植物得到的水分减少。

多雨的森林：一个地区的降水量是由这里的气候决定的。在降水量多的地方，经常可以看到大片森林，这是因为充足的雨水利于更多植物生长。

各种各样的雾

　　在水汽充足、微风及大气稳定的情况下，相对湿度达到100% 时，空气中的水汽便会凝结成细微的水滴悬浮于空中，使地面的水平能见度下降，于是形成了雾。

　　根据空气达到过饱和的具体条件不同，可以将雾分成辐射雾、平流雾、蒸发雾、上坡雾、锋面雾和混合雾等不同的种类。人们最常见的是辐射雾和平流雾。

南飞的鸟：秋冬季节来临，一些鸟，如大雁就从西伯利亚一带成群结队，浩浩荡荡地飞到中国南方过冬。南飞的大雁总是排成"人"字形或"一"字形飞行。

海上飞行的鸟：当海上风暴来临前，海燕等海鸟就会在高空中飞行，并不断鸣叫，以预示风暴的来临。因此海边的人都把海燕当作风暴的信使。

看云识天气

云的变化都是有规律的。气象学家根据云的高度或外形，把云做了详细的分类。通过对比不同的云，就可以对未来的天气进行预测，了解天气情况。

最高的云

最高的云叫作高云，飘浮在 6000~9000 米的高空中，那里的温度很低，云层里的水滴凝结成小颗粒的冰晶。高云又可以分成卷云、卷层云和卷积云。

卷云：卷云看起来就像划过蓝天的稀疏的羽毛。看到卷云，表示天气晴朗。

卷层云：卷层云就像展开的一张扁平的毯子，能覆盖整片天空。看到卷层云，意味着未来 24 小时会出现雨雪天气。

卷积云：卷积云就是散落在整个天空的一朵朵小而圆的云，它代表气温可能会下降。

中间层的云

在地球大气层的中间层，离地表 4000~6000 米的地方有两层云：高层云和高积云。在这些云层里，只有一部分水滴会结冰，因为越靠近地球的大气层，温度越高。

高层云：高层云呈现为灰蓝色的条纹状。如果高层云覆盖整片天空，这意味着晚上或者第二天可能会下雨。

高积云：高积云很蓬松，看起来像白色和灰色的海浪。如果在炎热潮湿的时候看到高积云，那么雷电交加的暴风雨就快要来了。

卷云

雨层云

卷积云

卷层云

积雨云

层积云

高层云

低层的云

　　低层的云大约在 3200 米左右的高空，包括积云、层云、层积云、雨层云和积雨云。

　　积云：积云看起来很像蓬松的棉花，高高堆积在天空中。积云通常出现在阳光明媚的日子里。

　　层云：灰色的层云覆盖整片天空，表示要下雨了，但是降水量不大。

　　层积云：也是灰色的，挂在低空中，一团一团地聚集在一起。层积云出现，不会直接带来降雨。

　　雨层云和积雨云：它们都是风暴云的名字，表示这个地区很潮湿，甚至会出现暴风雨。

　　雨层云的云层是暗灰色的，云底形状不规则。雨雪就会不紧不慢地从云层里降落。

　　积雨云的云层是深灰色的，有时候看起来几乎是黑色的。它们似乎一直在膨胀，越堆越高，有的积雨云甚至比最高的山峰——珠穆朗玛峰还高。如果你在空中看到积雨云，表示暴雨很快就要来了。有时候，积雨云会降下球状冰块，也就是冰雹；有时候还会形成极其危险的漏斗形状的风，也就是龙卷风。

居民与聚落

第四章

世界上的人口

　　人类发展已经有几百万年了。现在世界上有超过 60 亿人生活在两百多个不同的国家或地区里。每个国家的人口数量不同。荷兰的国土面积小，那里气候宜人、土地肥沃，人口反而密集，甚至有些拥挤。而寒冷的加拿大和干燥的澳大利亚，尽管土地面积广博，但是人口密度却相对较小。

地球的居民

几乎在地球上的每个角落都有人类生活的踪迹，甚至有人生活在热带雨林、沙漠、海岛以及北极。地球上有许多民族和国家，每个民族都有自己的语言。各民族的礼节、风俗、衣着、食物及住所也千差万别。但是，不管居住在哪里，无论是小村庄还是大城市，人们都需要水、食物和一个遮风挡雨的住所。热带雨林的土著人住在用泥巴、树枝和树叶搭建的茅屋里。他们以森林里的植物、蜂蜜和猎取的各种动物为食。沙漠里的居民大多数是游牧民，他们住在帐篷里，四处为家，不停地寻找有水源和食物的地方居住。

不同的人种

人类可以分成白种人、黄种人和黑种人三个主要人种。

黄种人：皮肤呈淡黄色，头发黑直，面庞扁平，体毛中等。

白种人：肤色、眼色、发色很浅，头发天生就是波浪状，鼻梁高，嘴唇薄，体毛较多。

黑种人：肤色黝黑，头发卷曲，嘴唇较厚，体毛较少。

世界上的所有人种都是平等的，没有优劣之分。

世界的语言

日常生活中，我们每天都使用语言进行交流和沟通。语言是人类最重要的交际工具，人们用语言来保存和传递文明。语言是民族的重要特征之一，一般来说，各个民族都有自己的语言。汉语、英语、法语、俄语、西班牙语、阿拉伯语是世界上最主要的语言，也是联合国的官方工作语言。汉语是世界上使用人数最多的语言，英语是世界上使用范围最广的语言。

乡村和城市

人们居住在不同的地方。有些人住在乡村，有些人住在城市，我们把人类的集中居住地——乡村和城市统称为聚落。一般来说，先有乡村聚落，后有城市聚落。

目前，全世界大约有一半人住在城市里。住在城市里的人们从事各类工作，他们用挣来的钱购买所需的食物和衣服。而生活在乡村的人们，大多以种植农作物为生。

国家和地区

人们居住在不同的国家和地区，目前世界上有 200 多个国家和地区。不同国家的面积差别很大。陆地面积最大的国家是俄罗斯，有 1709 万平方千米。中国的国土面积大约为 960 万平方千米，位居世界第三位。位于欧洲的摩纳哥，国土面积只有大约 2 平方千米。

美国

俄罗斯

澳大利亚

加拿大

巴西

中国

人口最多的国家是中国，大约有 14 亿人。印度位居世界第二，人口大约为 13 亿。此外，也有人口很少的国家，像大洋洲的岛国瑙鲁全国只有 1 万多人。

43

第五章

从世界看中国

中国的地理位置

　　展开世界地图，我们一眼就可以看到中华人民共和国。它位于东半球的北半部，欧亚大陆东部，太平洋西岸。

　　中国位于北温带。南部少数地区位于北回归线以南的热带，只有高山地区才有类似寒带的终年冰雪带，因此，中国所处的地理位置十分优越。

　　从海陆位置看，中国位于世界上最大的大陆——亚欧大陆的东部，西部深入亚欧大陆内部，与众多国家接壤；东邻世界上面积最大的大洋——太平洋，有众多的岛屿和港湾，是一个海陆兼备的国家。

中国的国土辽阔

　　中国疆域辽阔，陆地领土面积约 960 万平方千米，与整个欧洲面积差不多。疆界绵长，陆上国界线长达 20000 多千米，相邻国家有 14 个。中国领土最北端位于黑龙江漠河以北的黑龙江主航道的中心线上，最东端位于黑龙江与乌苏里江主航道中心线相交处，最西端位于新疆帕米尔高原，最南端位于南沙群岛的曾母暗沙。

中国的政区

中国现行行政区划分为 4 级：第一级为省、自治区、直辖市，与之平级的是两个特别行政区（香港和澳门特别行政区，实行"一国两制"）；第二级为地区、盟、自治州、地级市；第三级为县、自治县、旗、自治旗、县级市；第四级为乡、民族乡、镇。中国目前省级行政区有 4 个直辖市、23 个省、5 个自治区、2 个特别行政区。北京是中华人民共和国的首都。

壮族　　　苗族　　　朝鲜族　　　维吾尔族　　　蒙古族　　　傣族　　　藏族　　　汉族

人口和民族

中国是世界上人口最多的国家。中国是一个多民族的国家，共有汉、蒙古、回、藏、维吾尔等 56 个民族。其中汉族人数最多，约占总人口的 91.59%，主要居住在黄河、长江、珠江三大流域和松辽平原。少数民族人口占总人口的 8.41%，其中人口最多的是壮族，人口最少的是珞巴族。

高原

盆地

平原

丘陵

地形复杂多样

　　我国不仅有纵横交错的山岭、雄伟广袤的高原、一望无际的平原，还有群山环抱的盆地以及连绵起伏的丘陵。地势西高东低，呈三级阶梯，自西而东逐级下降。中国平原少，山地多。中国和尼泊尔交界处的珠穆朗玛峰是世界上最高的山峰，海拔 8848.86 米。吐鲁番盆地的艾丁湖是中国陆地的最低处，比海平面还要低大约 154 米。

中国的气候

影响中国气候的因素主要有几方面。

纬度位置： 中国国土辽阔，从南到北兼有热带、亚热带、暖温带、温带、寒温带等不同的气候带。大部分地区四季分明。

海陆位置： 中国东西部地区距离海洋的远近不同，将中国划分为湿润、半湿润、半干旱、干旱等四类干湿地区。

此外，中国地形复杂多样，加剧了气候的复杂性。

河流和湖泊

中国是一个多河流、多湖泊的国家。这些河流和湖泊不仅为农业、航海和旅游业等提供便利，还储备了丰富的水资源。中国境内的河流按水系分，主要有珠江、长江、黄河、淮河、辽河、海河和松花江七大水系，此外，还有内陆河流塔里木河、人工运河京杭运河和灵渠等。长江是中国的第一长河，全长6403千米。黄河是中国的第二长河，也是中国的母亲河，此外，它还是世界上含沙量最多的河流。中国的湖泊大多分布在长江中下游地区；西部以青藏高原湖泊较为集中，多为内陆咸水湖。

47